Rudolf Bernreuther

NEBENSÄTZE

Interessante Aufgaben

Tafeltext

W0342593

Unterrichts-Hits

RÜDIGER KOHL

INHALT

Tafeltext

Nebensätze

Woran kann man einen Nebensatz erkennen?

1. Er gibt für sich allein keinen Sinn.

2. Er wird oft durch ein kennzeichnendes Wörtchen eingeleitet,
   zum Beispiel durch
   - als, daß, nachdem, obwohl, weil, wenn
   - der, die, das, dem, den
   - wann, warum, was, wer, wie, wo, ob

   usw.

3. Er enthält oft einen „Satzdreh", d.h., das Hilfszeitwort wird an das Satzende gestellt.

Hinweise

Blatt 1: Erst zusammen mit dem Hauptsatz ergibt der Nebensatz einen Sinn.

Blatt 2: Unterordnende Bindewörter können einen Hauptsatz zum Nebensatz machen.

Blatt 3: Bezügliche Fürwörter schaffen eine Verbindung zwischen einem Substantiv oder Pronomen des Hauptsatzes und dem Nebensatz.

Blatt 4: Unterscheide zwischen direktem Fragesatz und indirektem Fragesatz!

Blatt 5: Was ist ein Satzdreh?
Unterscheide zwischen Vordersatz, Zwischensatz und Nachsatz!
Wir suchen und kennzeichnen die Nebensätze.

Datum:	Nebensätze erkennen	1
Name:	Klasse:	

. . . , wenn du schreibst.

Woran kann man einen Nebensatz erkennen?

Der Nebensatz gibt für sich alleine keinen Sinn.

(Das gilt für alle Nebensätze. Auf den nächsten Seiten wirst du aber sehen, daß sie außerdem noch besondere Kennzeichen haben. Allerdings sind diese – leider – nicht bei jedem Nebensatz vorhanden.)

Der Nebensatz kann nicht alleine stehen. Er muß mit einem Hauptsatz zusammengefügt sein.

Arbeite nach den folgenden Beispielen!
Achte dabei auch auf die richtige Zeitform!

Komma

Hauptsatz		*Nebensatz*
David schrieb einen guten Aufsatz	,	weil er fleißig geübt hatte.
Der Lehrer lobte den Schüler	,	der die Tafel sauber gewischt hatte.
Mein Vater will wissen	,	ob ich meine Hausaufgaben erledigt habe.
	,	nachdem er seinen Schreibtisch aufgeräumt hatte.
	,	daß Thomas keinen Fehler geschrieben hatte.
	,	obwohl es noch nicht geläutet hatte.
	,	als er nach Hause gekommen war.
	,	wenn du so weitermachst.
	,	das mir am besten gefallen hatte.
	,	den ich getroffen hatte.
	,	der den Schneeball geworfen hatte.
	,	dem ich mein Buch geliehen hatte.
	,	die ich ausgewählt habe.
	,	wann er die Schule verlassen hatte.
	,	wer die Fensterscheibe zerbrochen hatte.
	,	wie er das angestellt hatte.
	,	warum sie sich so freute.

Übertrage die Sätze jetzt in dein Heft!

Merke! **Hauptsatz und Nebensatz werden durch Komma getrennt.**
Hauptsatz + Nebensatz = Satzgefüge

Kopieren gestattet

Nebensätze erkennen
Best.-Nr. 092

RÖDGER KOHL Verlag, Niederzier

Datum:	**Nebensätze erkennen**		**2**
Name:		Klasse:	

Ich bin glücklich, weil wir gewonnen haben.

Kopieren gestattet

Bindewortsatz

Woran erkennst du einen Bindewortsatz?
Es gibt Bindewörter, die den Nebensatz einem Hauptsatz gedanklich unterordnen.

Unterordnende Bindewörter

als, bevor, daß, ehe, falls, indem, nachdem, obgleich, obwohl, sobald, so daß, sooft, während, weil, wenn u. a.

(Die unterstrichenen kommen besonders häufig vor.)

Verwandle – wie in den Beispielen – jeweils den 2. Satz in einen untergeordneten Bindewortsatz, indem du ein unterordnendes Bindewort an seinen Anfang stellst! Unterstreiche das den Nebensatz einleitende Bindewort!

Beispiele:

a) Ich las gerade ein Buch. Er kam an.
b) Ich las gerade ein Buch, als er ankam.

a) Sie spielte Klavier. Wir pflückten Blumen.
b) Sie spielte Klavier, während wir Blumen pflückten.

a) Mein Vater liebt diese Stadt. Er ist dort aufgewachsen.
b) Mein Vater liebt diese Stadt, weil er dort aufgewachsen ist.

a) Du kannst mein Fahrrad benutzen. Du verpaßt den Bus. (falls)

b) ______________________________

a) Ich bin dir sehr dankbar dafür. Du hast mir geholfen. (daß)

b) ______________________________

a) Wir machen eine Radtour. Das Wetter ist günstig. (wenn)

b) ______________________________

a) Morgen gehen wir zum Schwimmen. Das Wasser hat nur noch 20 Grad Celsius. (obwohl)

b) ______________________________

a) Außerdem besuche ich Onkel Willi. Ich kann es ermöglichen. (sooft)

b) ______________________________

a) Ich werde dir einen ausführlichen Brief schreiben. Meine Zeit erlaubt es. (sobald)

b) ______________________________

Merke! **Unterordnende Bindewörter leiten einen Nebensatz ein.**
Bindewort = Konjunktion, Bindewortsatz = Konjunktionalsatz

Nebensätze erkennen
Best.-Nr. 092
Rüdiger Kohl Verlag, Niederzier

Datum:	**Nebensätze erkennen**		**3**
Name:		Klasse:	

Das ist der Spieler, der das Tor geschossen hat.

Bezugssatz

Woran erkennst du einen Bezugssatz?
Ein bezügliches Fürwort weist am Anfang eines Bezugssatzes auf ein Hauptwort (oder Fürwort) des vorausgehenden Hauptsatzes hin.

Als bezügliche Fürwörter werden verwendet:

Grundform:	Beugungsform:
der, die, das	dem, den

Beachte: Nicht als bezügliche Fürwörter gebrauchen sollte man:
welcher, welche, welches – welchem, welchen,
weil das als schwerfällig und deshalb stilistisch nicht wünschenswert gilt.

Verwandle – wie in den Beispielen – jeweils den 2. Satz in einen Bezugssatz! Kennzeichne den Bezug auf das vorausgegangene Hauptwort (oder Fürwort) durch einen Pfeil!

Beachte dabei: Vor dem einleitenden Fürwort kann ein Verhältniswort stehen. Manche Verhältniswörter verlangen einen bestimmten Fall.

a) Otto brachte mir die Schallplatte wieder. Ich hatte sie ihm geliehen.
b) Otto brachte mir die Schallplatte wieder, die ich ihm geliehen hatte.

a) Im Schaufenster sah ich ein Bild. Ich möchte es mir kaufen.
b) Im Schaufenster sah ich ein Bild, das ich mir kaufen möchte.

a) Die Lehrerin vertraute nur ihm. Durch ihn hatte sie die Wahrheit erfahren.
b) Die Lehrerin vertraute nur ihm, durch den sie die Wahrheit erfahren hatte.

a) Florian war unser Spielgestalter. Er begeisterte uns durch sein Vorbild.
b) ______________________________

a) Wir verabschiedeten uns von ihm. Mit ihm hatten wir so gerne Fußball gespielt.
b) ______________________________

a) Ausschlaggebend war unsere Einsatzbereitschaft. Ohne sie hätten wir nicht gewonnen.
b) ______________________________

a) Wir trafen den Fremdenführer wieder. Er hatte uns die ganze Stadt gezeigt.
b) ______________________________

a) Katja bekam das Album geschenkt. Sie hatte es sich gewünscht.
b) ______________________________

a) Wir suchten lange nach der Brille. Stefan hatte sie verloren.
b) ______________________________

Merke! **Bezugssätze sind Nebensätze.**
Sie werden durch ein bezügliches Fürwort eingeleitet.
Bezügliches Fürwort: Relativpronomen, Bezugssatz: Relativsatz, Verhältniswort: Präposition

Kopieren gestattet
Nebensätze erkennen
Best.-Nr. 092
RÜDIGER KOHL Verlag, Niederzier

Datum:	Nebensätze erkennen		4
Name:		Klasse:	

Ich fragte, was er wisse.

Indirekter Fragesatz

Unterscheide indirekte (abhängige) Fragesätze von direkten (unabhängigen) Fragesätzen!
Der direkte Fragesatz ist selbständig. Er kann alleine stehen. An seinem Anfang steht ein Fragewort (W-Wort), an seinem Ende ein Fragezeichen.
Der indirekte Fragesatz ist von einem Hauptsatz abhängig. Er kann nicht alleine stehen. Häufig wird er in der indirekten Rede verwendet. Auch er beginnt mit einem Fragewort. An seinem Ende steht aber kein Fragezeichen.

Fragefürwörter (Interrogativpronomen):	wann, warum, was, wer, weshalb, wie lange u. ä.
Frage-Bindewort (Fragepartikel):	ob

Verwandle – wie in den Beispielen – jeweils den direkten Fragesatz in einen indirekten Fragesatz!

Soweit der 1. Satz direkte Rede enthält, wird diese dabei in indirekte Rede verwandelt.

a) Der Meister fragte den Lehrling: „Wo ist die Feile?“
b) Der Meister fragte den Lehrling, wo die Feile sei.

a) Der Besucher fragte den Pförtner: „Wann beginnt die Geschäftszeit?“
b) Der Besucher fragte den Pförtner, wann die Geschäftszeit beginne.

a) Hat er seinen Freund belogen? Ich will darüber lieber nicht sprechen.
b) Ob er seinen Freund belogen hat, darüber will ich lieber nicht sprechen.

a) Ich fragte den Fahrer: „Wohin fährt dieser Bus?“
b) ______________________________

a) Der Tourist fragte mich: „Wie heißt diese Kirche?“
b) ______________________________

a) Der Reisende fragte den Schaffner: „Warum hält der Zug auf offener Strecke?“
b) ______________________________

a) Der Heimleiter fragte: „Von wem* hast du die Kassette geliehen?“
b) ______________________________

a) Martin fragte seinen Bruder: „Gehst du mit zum Tennisplatz?“ (ob)
b) ______________________________

a) Wir überlegten. Wer sollte den Anfang machen?
b) ______________________________

Merke!

Am Anfang eines indirekten (abhängigen) Fragesatzes steht ein Fragefürwort oder das Fragepartikel „ob“.
*** (Manchmal folgt das Fragefürwort allerdings erst an zweiter Stelle – nach einem Verhältniswort.)**
Fragefürwort = Interrogativpronomen, Fragesatz = Interrogativsatz
Abhängiger Fragesatz = Fragewortsatz = indirekter Interrogativsatz

Kopieren gestattet

Nebensätze erkennen
Best.-Nr. 092
Rüdiger KOHL Verlag, Niederzier

Kopieren gestattet

Datum: | **Nebensätze erkennen** | **5**

Name: | Klasse:

Es hatte geregnet. Aber: . . . , als es geregnet hatte.

„Satzdreh"

Das Hilfszeitwort rückt in Nebensätzen hinter das Zeitwort.
Diesen Vorgang kann man „Satzdreh" nennen.

Verwandle – wie in den Beispielen – den 2. Hauptsatz in einen Nebensatz, unterstreiche das einleitende Wörtchen und das jeweils am Ende stehende Hilfszeitwort (wie oben)!
Schreibe die Übungssätze in dein Heft!

a) Das Spiel fand statt. Der Rasen war aufgeweicht.
b) Das Spiel fand statt, obwohl der Rasen aufgeweicht war.

a) Die Kinder jubelten. Sie hatten den Sieg errungen.
b) Die Kinder jubelten, als sie den Sieg errungen hatten.

Auf dem Geburtstagstisch lag der rote Rucksack. Ich hatte ihn mir gewünscht.	den
Andreas freute sich. Es gab Schwarzwälder Kirschtorte.	weil
Christine fragte: „Kann der Wellensittich sprechen?"	ob
Tante Ilse war stolz. Der Schokoladenkuchen war gut gelungen.	daß/weil
Onkel Helmut war zufrieden. Der Garten hatte ihm eine reiche Ernte gebracht.	weil
Rolf wollte sich erkundigen. Wann würde die letzte Straßenbahn fahren?	wann

Zur Stellung des Nebensatzes

	Nebensatz als:
a) Die Kinder spielen gerne im Freien, **wenn die Sonne scheint**.	Nachsatz (N)
b) **Wenn die Sonne scheint**, *spielen die Kinder gerne im Freien.	Vordersatz (V)
c) Die Kinder spielen, **wenn die Sonne scheint**, gerne im Freien.	Zwischensatz (Z) = eingeschobener Nebensatz: 2 Kommas!

* Beachte: Wenn der Nebensatz als Vordersatz verwendet wird, verändert sich im Hauptsatz die Wortstellung: Das Zeitwort oder das Hilfszeitwort rückt nach vorn. Das ist jedoch etwas ganz anderes als der oben erläuterte Satzdreh im Nebensatz.

Schreibe den folgenden Text in dein Heft, und kennzeichne die Nebensätze wie in den Beispielen! Setze die Kommas!

uBi
Weil wir uns gestritten hatten, kam die Party nicht zustande. (V)

Be
Der Schlüssel, den er verloren hatte, wurde im Flur gefunden. (Z)

Fra
Er wollte wissen, wann wir uns wiedersehen werden. (N)

uBi	=	unterordnendes Bindewort
Be	=	Bezugswort
Fra	=	Fragewort am Anfang eines indirekten Fragesatzes

Abschlußfeier

Als die Ehrengäste Platz genommen hatten begann das Orchester zu spielen. Das Thema der Festrede die in diesem Jahr der Konrektor hielt war der Umweltschutz. Danach sang der Schulchor der von Herrn Maier geleitet wurde einige Volkslieder. Der Schülersprecher fragte in seiner Dankansprache danach ob der Unterricht auch die moderne Entwicklung von Naturwissenschaft und Technik genügend berücksichtige. Höhepunkt der Veranstaltung war ein Laienspiel das die Klasse 8a mit großer Begeisterung einstudiert hatte. Zum Schluß wurden während das Orchester noch einige Musikstücke vortrug die Zeugnisse verteilt.

Nebensätze erkennen
Best.-Nr. 092
RÖDIGER KOHL Verlag, Niederzier

Die humorvollen Lernhilfen

Der Verlag mit dem Baum

Vergnügte Rechtschreibstunden

Das erste zum Üben, das zweite zum Prüfen:
Zwillingsdiktate
Diktate in zwei Durchgängen zur gezielten Fehlertherapie. Interessante und lustige Texte! Mit Themenübersicht nach Sachgebieten. Textlänge: 30 bis 150 Wörter, Best.-Nr. 80
Übungsheft Zwillingsdiktate
10 Diktatvorbereitungen, Kopieren gestattet, Best.-Nr. 180

5-Minuten-Diktate
eine erfolgreiche Serie:
5-Minuten-Diktate 4. Sj., Best.-Nr. 86
5-Minuten-Diktate 5. Sj., Best.-Nr. 87
5-Minuten-Diktate 6. Sj., Best.-Nr. 88

5-Minuten-Schmunzeldiktate
Sehr kurze u. lustige Texte z. Lesen, Üben, Diktieren ... Best.-Nr. 182
Übungsheft
Diktatvorbereitung - Kopiervorlagen; Best.-Nr. 282

88 Schmunzeldiktate
Bei solchen Texten erwacht die Lust am Diktateschreiben! Best.-Nr. 53
Übungsheft 88 Schmunzeldiktate
20 Diktatvorbereitungen, Best.-Nr. 153

Schmunzel- und Nachdenkdiktate
Texte, die sich nicht nur zum Diktieren eignen, so interessant sind sie! Best.-Nr. 68

Diktate, wie sie das Leben schreibt
Solche Diktattexte haben Sie immer schon gesucht! Best.-Nr. 42
Übungsheft, Kopieren gestattet, Best.-Nr. 142

Knifflige Diktate
Mit diesen Texten können Sie sogar hartgesottene Rechtschreiber reinlegen! Best.-Nr. 67
Übungsheft Knifflige Diktate
Kopieren gestattet, Best.-Nr. 167

Rechtschreibung fehlerfrei
Munterer Rechtschreibkurs in 8 Lektionen, Best.-Nr. 49

Rechtschreib-Konzentrations-Training
2. Schuljahr, Best.-Nr. 112
3. Schuljahr, Best.-Nr. 113
4. Schuljahr, Best.-Nr. 114
5. Schuljahr, Best.-Nr. 115
6. Schuljahr, Best.-Nr. 116
7. Schuljahr, Best.-Nr. 117

Lustige Kreuzwort-Rechtschreibspiele
mit dem Grundwortschatz
Kopiervorlagenblock mit Rätselseiten, Übungen, Texten und Selbstkontrolle
2. Schuljahr, Best.-Nr. 157
3. Schuljahr, Best.-Nr. 158
4. Schuljahr, Best.-Nr. 159
5. Schuljahr, Best.-Nr. 160

Substantiv, Adjektiv, Komma, Punkt & Co.
Freie Arbeit Rechtschreiben (Klasse 5-8)
Kurze Texte und exakt darauf zugeschnittene Übungen mit Lösungen. Kopiervorlagen. Schwerpunkttraining: Wortarten, Großschreibung und Verben, S-Laute, Kommasetzung usw.; Best.-Nr. 64

Komma her!
Regeln und Übungen zur Zeichensetzung - ein unterhaltsames Übungsheft ! Best.-Nr. 46
Übungsheft Komma her! Best.-Nr. 146

Mathe

Das Klavier hat 85 Tasten
111 listig-lustige Rechengeschichten ab 2. Sj.
Zum Anwärmen im Mathe-Unterricht und für die F.A.; Nr. 129

Lustige Würfelspiele zum Rechnenüben
Zählen, Addieren, Subtrahieren, Ergänzen, Malnehmen, Teilen. Auf spielerische Weise werden die Grundrechenarten geübt. Spielpläne auf Kopiervorlagen! Best.-Nr. 125

5-Minuten-Training Mathe: Bruchrechnen
Kopiervorlagen und Kartei zum Selberbasteln. Best.-Nr. 177

Aufsatzerziehung

Stundenbilder für das 5./6. Schuljahr:
AUFSATZSTUNDEN, DIE SPASS MACHEN

Erzählen nach Bildern und Bildfolgen, Best.-Nr 001
Phantasieerzählung, Best.-Nr. 002
Fortsetzung einer Erzählung, Best.-Nr. 003
Fabeln verändern und Fabeln erfinden, Best.-Nr. 004
Ausgestaltung eines Erzählkerns, Best.-Nr. 005
Bastelanleitung - Arbeitsanleitung, Best.-Nr. 006
Tiere beobachten - Verhalten beschreiben, Best.-Nr. 007
Jedes Heft mit 5 bzw. 6 Kopiervorlagen im Klappumschlag. Hilfreich: der Autor gibt Tafeltexte und Kriterien zur Aufsatzbewertung vor.

30 Geschichten zum Weiterdichten
3. bis 6. Sj., Best.-Nr. 50
Übungsheft 30 Geschichten
mit Kopierrecht; Übungen zum Aufbau eines Aufsatzes, zum lebendigen Ausdruck, zur wörtl. Rede ... Best.-Nr. 150

Das Malheur (1.-5. Sj.)
Lustige Bildergeschichten mit Steffi + Stanislaus; mit methodischen Hinweisen. Kopieren gestattet, Best.-Nr. 28

Schmunzelbilder und -texte
Ein Übungsband voller Sprech-, Denk- und Schreibimpulse. Vielseitig verwendbar. Kopiervorlagen. Best.-Nr. 176

Deutschaufsatz, mal ernst - mal heiter
Stellt alle Aufsatzformen auf humorvolle und liebenswerte Weise in Beispiel und Kurzbeschreibung vor. Mit vielen interessanten Übungsvorschlägen und neuen Themen. Ein klasse Buch! Best.-Nr. 120
Arbeitsheft DEUTSCHAUFSATZ
Viele weitere Beispiele, Aufgaben, Lösungen. Auch zum Selberüben sehr gut geeignet! Nr. 220

Unterrichts-Hits

Je 5 Bäumchen-Kopiervorlagen mit methodischen Hinweisen, Lösungen, Tafeltext. Leichter können wir's Ihnen wirklich nicht mehr machen!

5.- 8. Sj. **Aufsatz: Die Beschreibung**, Best.-Nr. 76
5.- 8. Sj. **Aufsatz: Der Bericht**, Best.-Nr. 81
7.-10.Sj. **Aufsatz: Die Erörterung**, Best.-Nr. 74
7.-10.Sj. **Aufsatz: Nacherzählung und Inhaltsangabe**, Best.-Nr. 99
3.- 7.Sj. **Aufsatz: Bildergeschichten zum Schmunzeln**, Nr.179
7.-10.Sj. **Aufsatz: Bewerbungsschreiben**, Best.-Nr. 82
7.-10.Sj. **Aufsatz: Täglicher Schriftwechsel**, Best.-Nr. 83
5.-10.Sj. **Nebensätze erkennen**, Best.-Nr. 92
5.- 6. Sj. **Fremdwörter I**, Best.-Nr. 93
7.-10.Sj. **Fremdwörter II**, Best.-Nr. 93
4.- 7. Sj. **Therapie der Handschrift**, Best.-Nr. 95
5.-10.Sj. **Der Infinitiv mit zu**, Best.-Nr. 16
5.-10.Sj. **das oder daß**, Best.-Nr. 17
5.-10.Sj. **Deutschland nach der Wiedervereinigung**, Best.-Nr. 187
5.-10.Sj. **Unsere Erde** - interessante Aufgaben + Lösungen, Nr. 162

Die humorvollen Lernhilfen

Der Verlag mit dem Baum

Vertretungsunterricht

40 sinnvolle Vertretungsstunden Deutsch
Kopiervorlagenblock; mit Lösungen und methodischen Hinweisen.
Best.-Nr. 73

40 sinnvolle Vertretungsstunden Sachfächer
Kopiervorlagenblock; mit Lösungen und methodischen Hinweisen.
Best.-Nr. 74

Lustiges Quiz für Schüler
Allgemeinwissen - lehrreiche Kurzweil; Best.-Nr. 156

Lesen + Lachen

Das Pferd im Pyjama
22 unglaubliche Geschichten - zum Lesen,
Lachen, Weiterfabulieren, Nacherzählen usw. Best.-Nr. 29

Der Dinosaurier beim Frisör
Dino-Witze zum Lesen, Lachen, Nachschreiben, Ausfabulieren
Best.-Nr. 131

Lesetraining

Lesetraining 2, 4./5. Sj., Best.-Nr. 78
Lesetraining 3, 6./7. Sj., Best.-Nr. 79
Lesetraining 4, differenziertes Lesetraining für Schüler, deren Muttersprache nicht Deutsch ist, Best.-Nr. 175

Lese-Safari
Kurze, lustige bis nachdenkliche Texte für Lese- und Gedächtnistraining.
Heft mit Kopiererlaubnis. Best.-Nr. 155

Deutsche Grammatik

Grammatik ernst & heiter
Eine humorvolle Grammatik mit vielen Übungen; ab 7. Sj., Nr. 38
Lösungsheft, Best.-Nr. 39
Übungsheft, Best.-Nr. 138

GRAMMATIKSTUNDE
Eine humorvolle Schulgrammatik mit Lösungsheft und vertiefenden Übungen; (ab 5. Sj.) Best.-Nr. 16666

Englisch

5-Minuten-Training Englisch
Kopiervorlagenblock mit Lösungsstreifen. Einsatz: 1./2. Lernjahr.
Grundlagenwissen in kurzweiligen Lektionen; Best.-Nr. 61

Englisch lernen mit gezeichneten Witzen
Cartoons mit dem typischen Englischen Humor. Kopiervorlagen mit Aufgaben für Klassenunterricht und F.A.; Best.-N. 206

Lebendiges Schulleben

Unvergeßliche Schulfeste
Ideen zur Gestaltung von Abschlußfeiern und Schulfesten, Nr. 121

Lebensraum Klassenzimmer
Anregungen zu mehr Lebensqualität im Unterricht, Nr. 122

Kleingärtner im Klassenzimmer
Tips für Pflanzen, Aufzucht, Pflegen und Beobachten, Best.-Nr. 123

Lustige Eierspiele
Da kommt was auf Sie zu! Eiern Sie mit!
Best.-Nr. 124

Klasse(n) Ausflüge
101 tolle Ideen aus der Hosentasche für Wandertag und Schullandheimaufenthalt, Best.-Nr. 35

Pausen(lose) Spielideen
Allwetterspiele für Pausenhöfe und -hallen
Alte und neue Spielvorschläge, Best.-Nr. 34

Klasse(n) Spiele 1
Kurzweilige Fang- Und Bewegungsspiele, Best.-Nr. 110

Klasse(n) Spiele 2
Ballspiele und andere Bewegungsspiele mit Gerät, Best.-Nr. 111

Zuckertüte
Spiel & Spaß bei der Einschulungsfeier mit Gestaltungstips für Schulleiter, Best.-Nr. 32

Guten Abend, liebe Eltern!
Elternabende vorbereiten und erfolgreich durchführen, Best.-Nr. 36

Lustige Konzentrations- und Entspannungsspiele
Sprech-, Schreib-, Nachdenkspiele, einmal ganz anders! Best.-Nr. 126
Konzentrationsspiele - Kopiervorlagenheft
Erleichtert die Vorbereitung, sofort einsetzbare Unterlagen. Nr. 127

Keine Angst vor Freiarbeit
Planung, Arbeitsmaterial, Kontrolle - ein hilfreiches Praxisbuch für alle, die erste Schritte in Richtung FA wagen wollen. Best.-Nr. 130

Theater

Theater zum Aufwärmen
Theaterspielen in 15 Lernschritten - ein lebendiges Buch voller spritziger Ideen! Best.-Nr. 15

Lampen-Fieber
6 starke Stücke fürs Kinder- und Jugendtheater
Inhalt: Tempo / Tonnenfieber / Gänsehaut und Seitenstiche / Die große Plage / Auf dem Kriegspfad / Glotzi, das Fernsehmonster
160 Seiten, Best.-Nr. 27

Bumbambo sucht Freunde
Kleines heiteres Theaterstück - einfach nachzuspielen! Best.-Nr. 70

33 Blackouts
Neue Sketche und spielbare Witze, an denen besonders Kinder und Jugendliche ihre reinste Freude haben!
Best.-Nr. 96

20 lustige Schulsketche
Zum Brüllen, was da alles auf die Schüppe genommen wird! Wenn Sie einen Lacherfolg garantiert haben möchten - zu welcher Aufführung auch immer: hier sind die Stücke, mit vielen Rollen, leicht zu lernen und zu spielen;
Best.-Nr. 268

Werkstatt lustige Schulwitze
40 Witzkarten mit methodisch praktischen Anregungen zum Spielen und Lernen.
Best.-Nr. 163

Rüdiger KOHL Verlag

St. Norbert Str. 10   52382 Niederzier-Ellen
Tel. 02428/5193 / FAX 3562

Rudolf Bernreuther

Unterrichts-Hits

Rüdiger KOHL Verlag –

Der mit dem Baum

Nebensätze erkennen

Interessante Aufgaben

INHALT

ISBN 3-89361-**092**-8

Tafeltext

Woran kann man einen Nebensatz erkennen?

A. Er gibt für sich alleine keinen Sinn.

B. Er wird oft durch ein kennzeichnendes Wörtchen eingeleitet,
z. B. durch: als, daß, nachdem, obwohl, weil, wenn (Bindewortsatz/Konjunktionalsatz)
oder: der, die, das, dem, den (Bezugssatz/Relativsatz)
oder: wann, warum, was, wer, wie, wo, ob (abhängiger Fragesatz/indirekter Interrogativsa

C. Er enthält oft einen „Satzdreh", d. h. das Hilfszeitwort wird an das Satzende gestellt.

Blatt 1: Erst zusammen mit dem Hauptsatz ergibt der Nebensatz einen Sinn.

Blatt 2: Unterordnende Bindewörter können einen Hauptsatz zum Nebensatz machen.

Blatt 3: Bezügliche Fürwörter schaffen eine Verbindung zwischen einem Hauptwort (oder Fürwort) des Hauptsatzes und dem Nebensatz.

Blatt 4: Unterscheide zwischen direktem Fragesatz und indirektem Fragesatz!

Blatt 5: Was ist ein Satzdreh?
Unterscheide zwischen Vordersatz, Zwischensatz und Nachsatz!
Suche und kennzeichne die Nebensätze!

Datum:	**Nebensätze erkennen**		**1**
Name:		Klasse:	

..., wenn du schreibst.

Woran kann man einen Nebensatz erkennen?

Der Nebensatz gibt für sich alleine keinen Sinn.

(Das gilt für alle Nebensätze. Auf den nächsten Seiten wirst du aber sehen, daß sie außerdem noch besondere Kennzeichen haben. Allerdings sind diese – leider – nicht bei jedem Nebensatz vorhanden.)

Der Nebensatz kann nicht alleine stehen. Er muß mit einem Hauptsatz zusammengefügt sein.

Arbeite nach den folgenden Beispielen!
Achte dabei auch auf die richtige Zeitform!

Komma

Hauptsatz		*Nebensatz*
David schrieb einen guten Aufsatz	,	weil er fleißig geübt hatte.
Der Lehrer lobte den Schüler	,	der die Tafel sauber gewischt hatte.
Mein Vater will wissen	,	ob ich meine Hausaufgaben erledigt habe.
______________________	,	nachdem er seinen Schreibtisch aufgeräumt hatte.
______________________	,	daß Thomas keinen Fehler geschrieben hatte.
______________________	,	obwohl es noch nicht geläutet hatte.
______________________	,	als er nach Hause gekommen war.
______________________	,	wenn du so weitermachst.
______________________	,	das mir am besten gefallen hatte.
______________________	,	den ich getroffen hatte.
______________________	,	der den Schneeball geworfen hatte.
______________________	,	dem ich mein Buch geliehen hatte.
______________________	,	die ich ausgewählt habe.
______________________	,	wann er die Schule verlassen hatte.
______________________	,	wer die Fensterscheibe zerbrochen hatte.
______________________	,	wie er das angestellt hatte.
______________________	,	warum sie sich so freute.

Übertrage die Sätze jetzt in dein Heft!

Merke! **Hauptsatz und Nebensatz werden durch Komma getrennt.**
Hauptsatz + Nebensatz = Satzgefüge

Kopieren gestattet

Nebensätze erkennen
Best.-Nr. 092
Rüdiger Kohl Verlag, Niederzier

Datum:	**Nebensätze erkennen**		**2**
Name:		Klasse:	

Ich bin glücklich, weil wir gewonnen haben.

Bindewortsatz

Woran erkennst du einen Bindewortsatz?
Es gibt Bindewörter, die den Nebensatz einem Hauptsatz gedanklich unterordnen.

Unterordnende Bindewörter

> als, bevor, daß, ehe, falls, indem, nachdem, obgleich, obwohl, sobald, so daß, sooft, während, weil, wenn u. a.
>
> (Die unterstrichenen kommen besonders häufig vor.)

Verwandle – wie in den Beispielen – jeweils den 2. Satz in einen untergeordneten Bindewortsatz, indem du ein unterordnendes Bindewort an seinen Anfang stellst! Unterstreiche das den Nebensatz einleitende Bindewort!

Beispiele:

a) Ich las gerade ein Buch. Er kam an.
b) Ich las gerade ein Buch, als er ankam.

a) Sie spielte Klavier. Wir pflückten Blumen.
b) Sie spielte Klavier, während wir Blumen pflückten.

a) Mein Vater liebt diese Stadt. Er ist dort aufgewachsen.
b) Mein Vater liebt diese Stadt, weil er dort aufgewachsen ist.

a) Du kannst mein Fahrrad benutzen. Du verpaßt den Bus. (falls)

b) ______________________________

a) Ich bin dir sehr dankbar dafür. Du hast mir geholfen. (daß)

b) ______________________________

a) Wir machen eine Radtour. Das Wetter ist günstig. (wenn)

b) ______________________________

a) Morgen gehen wir zum Schwimmen. Das Wasser hat nur noch 20 Grad Celsius. (obwohl)

b) ______________________________

a) Außerdem besuche ich Onkel Willi. Ich kann es ermöglichen. (sooft)

b) ______________________________

a) Ich werde dir einen ausführlichen Brief schreiben. Meine Zeit erlaubt es. (sobald)

b) ______________________________

Merke! **Unterordnende Bindewörter leiten einen Nebensatz ein.**
Bindewort = Konjunktion, Bindewortsatz = Konjunktionalsatz

Kopieren gestattet

Nebensätze erkennen
Best.-Nr. 092
Rödiger Kohl Verlag, Niederzier

Kopieren gestattet

Datum:	Nebensätze erkennen	3
Name:	Klasse:	

Das ist der Spieler, der das Tor geschossen hat.

Bezugssatz

Woran erkennst du einen Bezugssatz?
Ein bezügliches Fürwort weist am Anfang eines Bezugssatzes auf ein Hauptwort (oder Fürwort) des vorausgehenden Hauptsatzes hin.

Als bezügliche Fürwörter werden verwendet:

Grundform:	Beugungsform:
der, die, das	dem, den

Beachte: Nicht als bezügliche Fürwörter gebrauchen sollte man:
welcher, welche, welches – welchem, welchen,
weil das als schwerfällig und deshalb stilistisch nicht wünschenswert gilt.

Verwandle – wie in den Beispielen – jeweils den 2. Satz in einen Bezugssatz! Kennzeichne den Bezug auf das vorausgegangene Hauptwort (oder Fürwort) durch einen Pfeil!

Beachte dabei: Vor dem einleitenden Fürwort kann ein Verhältniswort stehen. Manche Verhältniswörter verlangen einen bestimmten Fall.

a) Otto brachte mir die Schallplatte wieder. Ich hatte sie ihm geliehen.
b) Otto brachte mir die Schallplatte wieder, die ich ihm geliehen hatte.

a) Im Schaufenster sah ich ein Bild. Ich möchte es mir kaufen.
b) Im Schaufenster sah ich ein Bild, das ich mir kaufen möchte.

a) Die Lehrerin vertraute nur ihm. Durch ihn hatte sie die Wahrheit erfahren.
b) Die Lehrerin vertraute nur ihm, durch den sie die Wahrheit erfahren hatte.

a) Florian war unser Spielgestalter. Er begeisterte uns durch sein Vorbild.

b) ______________________________

a) Wir verabschiedeten uns von ihm. Mit ihm hatten wir so gerne Fußball gespielt.

b) ______________________________

a) Ausschlaggebend war unsere Einsatzbereitschaft. Ohne sie hätten wir nicht gewonnen.

b) ______________________________

a) Wir trafen den Fremdenführer wieder. Er hatte uns die ganze Stadt gezeigt.

b) ______________________________

a) Katja bekam das Album geschenkt. Sie hatte es sich gewünscht.

b) ______________________________

a) Wir suchten lange nach der Brille. Stefan hatte sie verloren.

b) ______________________________

Merke! **Bezugssätze sind Nebensätze.**
Sie werden durch ein bezügliches Fürwort eingeleitet.
Bezügliches Fürwort: Relativpronomen, Bezugssatz: Relativsatz, Verhältniswort: Präposition

RÖCKER KOHL Verlag, Niederzier

Datum:	**Nebensätze erkennen**		**4**
Name:		Klasse:	

Ich fragte, was er wisse.

Indirekter Fragesatz

Unterscheide indirekte (abhängige) Fragesätze von direkten (unabhängigen) Fragesätzen!
Der <u>direkte Fragesatz</u> ist selbständig. Er kann alleine stehen. An seinem Anfang steht ein Fragewort (W-Wort), an seinem Ende ein Fragezeichen.
Der <u>indirekte Fragesatz</u> ist von einem Hauptsatz abhängig. Er kann nicht alleine stehen. Häufig wird er in der indirekten Rede verwendet. Auch er beginnt mit einem Fragewort. An seinem Ende steht aber kein Fragezeichen.

Fragefürwörter (Interrogativpronomen):	wann, warum, was, wer, weshalb, wie lange u. ä.
Frage-Bindewort (Fragepartikel):	ob

Verwandle – wie in den Beispielen – jeweils den direkten Fragesatz in einen indirekten Fragesatz!

Soweit der 1. Satz direkte Rede enthält, wird diese dabei in indirekte Rede verwandelt.

a) Der Meister fragte den Lehrling: „<u>Wo</u> ist die Feile?"
b) Der Meister fragte den Lehrling, <u>wo</u> die Feile sei.

a) Der Besucher fragte den Pförtner: „<u>Wann</u> beginnt die Geschäftszeit?"
b) Der Besucher fragte den Pförtner, <u>wann</u> die Geschäftszeit beginne.

a) Hat er seinen Freund belogen? Ich will darüber lieber nicht sprechen.
b) <u>Ob</u> er seinen Freund belogen hat, darüber will ich lieber nicht sprechen.

a) Ich fragte den Fahrer: „<u>Wohin</u> fährt dieser Bus?"

b) ______________________________

a) Der Tourist fragte mich: „<u>Wie</u> heißt diese Kirche?"

b) ______________________________

a) Der Reisende fragte den Schaffner: „<u>Warum</u> hält der Zug auf offener Strecke?"

b) ______________________________

a) Der Heimleiter fragte: „Von <u>wem</u>* hast du die Kassette geliehen?"

b) ______________________________

a) Martin fragte seinen Bruder: „Gehst du mit zum Tennisplatz?" (ob)

b) ______________________________

a) Wir überlegten. <u>Wer</u> sollte den Anfang machen?

b) ______________________________

Merke!

Am Anfang eines indirekten (abhängigen) Fragesatzes steht ein Fragefürwort oder das Fragepartikel „ob".
*** (Manchmal folgt das Fragefürwort allerdings erst an zweiter Stelle – nach einem Verhältniswort.)**
Fragefürwort = Interrogativpronomen, Fragesatz = Interrogativsatz
Abhängiger Fragesatz = Fragewortsatz = indirekter Interrogativsatz

Kopieren gestattet
Nebensätze erkennen
Best.-Nr. 092
Rüdiger Kohl Verlag, Niederzier

Datum:	**Nebensätze erkennen**		5
Name:		Klasse:	

Es hatte geregnet. Aber: ..., als es geregnet hatte.

„Satzdreh“

Das Hilfszeitwort rückt in Nebensätzen hinter das Zeitwort.
Diesen Vorgang kann man „Satzdreh“ nennen.

Verwandle – wie in den Beispielen – den 2. Hauptsatz in einen Nebensatz, unterstreiche das einleitende Wörtchen und das jeweils am Ende stehende Hilfszeitwort (wie oben)!
Schreibe die Übungssätze in dein Heft!

a) Das Spiel fand statt. Der Rasen war aufgeweicht.
b) Das Spiel fand statt, obwohl der Rasen aufgeweicht war.

a) Die Kinder jubelten. Sie hatten den Sieg errungen.
b) Die Kinder jubelten, als sie den Sieg errungen hatten.

Auf dem Geburtstagstisch lag der rote Rucksack. Ich hatte ihn mir gewünscht.	den
Andreas freute sich. Es gab Schwarzwälder Kirschtorte.	weil
Christine fragte: „Kann der Wellensittich sprechen?“	ob
Tante Ilse war stolz. Der Schokoladenkuchen war gut gelungen.	daß/weil
Onkel Helmut war zufrieden. Der Garten hatte ihm eine reiche Ernte gebracht.	weil
Rolf wollte sich erkundigen. Wann würde die letzte Straßenbahn fahren?	wann

Zur Stellung des Nebensatzes

	Nebensatz als:
a) Die Kinder spielen gerne im Freien, **wenn die Sonne scheint**.	Nachsatz (N)
b) **Wenn die Sonne scheint**, *spielen die Kinder gerne im Freien.	Vordersatz (V)
c) Die Kinder spielen, **wenn die Sonne scheint**, gerne im Freien.	Zwischensatz (Z) = eingeschobener Nebensatz: 2 Kommas!

* Beachte: Wenn der Nebensatz als Vordersatz verwendet wird, verändert sich im Hauptsatz die Wortstellung: Das Zeitwort oder das Hilfszeitwort rückt nach vorn. Das ist jedoch etwas ganz anderes als der oben erläuterte Satzdreh im Nebensatz.

Schreibe den folgenden Text in dein Heft, und kennzeichne die Nebensätze wie in den Beispielen! Setze die Kommas!

uBi
Weil wir uns gestritten hatten, kam die Party nicht zustande. (V)

Be
Der Schlüssel, den er verloren hatte, wurde im Flur gefunden. (Z)

Fra
Er wollte wissen, wann wir uns wiedersehen werden. (N)

uBi	=	unterordnendes Bindewort
Be	=	Bezugswort
Fra	=	Fragewort am Anfang eines indirekten Fragesatzes

Abschlußfeier

Als die Ehrengäste Platz genommen hatten begann das Orchester zu spielen. Das Thema der Festrede die in diesem Jahr der Konrektor hielt war der Umweltschutz. Danach sang der Schulchor der von Herrn Maier geleitet wurde einige Volkslieder. Der Schülersprecher fragte in seiner Dankansprache danach ob der Unterricht auch die moderne Entwicklung von Naturwissenschaft und Technik genügend berücksichtige. Höhepunkt der Veranstaltung war ein Laienspiel das die Klasse 8a mit großer Begeisterung einstudiert hatte. Zum Schluß wurden während das Orchester noch einige Musikstücke vortrug die Zeugnisse verteilt.

Kopieren gestattet
Nebensätze erkennen
Best.-Nr. 092
KOHL Verlag, Niederzier